Gabi Bauer / Franz Moser

Lieder für den Mathematik-unterricht

Illustrationen: Alena Schulz

VERITAS
www.veritas.at

INHALTSVERZEICHNIS

Seite	Lied	Klasse	Inhalt	ZR	ME
4	Der Mathe-Fuchs	X	Rechnen mit Selbstkontrolle		
6	Die Zweier-Reihe	2	Zweier-Reihe	2: S. 16	2/1: S. 32
8	Die Fünfer-Reihe	2	Fünfer-Reihe	2: S. 30	2/1: S. 65
10	Die Vierer-Reihe	2	Vierer-Reihe	2: S. 40	2/1: S. 66
12	Die Dreier-Reihe	2	Dreier-Reihe	2: S. 50	2/2: S. 13
14	Die Sechser-Reihe	2	Sechser-Reihe	2: S. 56	2/2: S. 16
16	Die Achter-Reihe	2	Achter-Reihe	2: S. 64	2/2: S. 43
18	Die Neuner-Reihe	2	Neuner-Reihe	2: S. 72	2/2: S. 50
20	Die Siebener-Reihe	2	Siebener-Reihe	2: S. 76	2/2: S. 58
22	Einmaleins-Zauberei	2	Rechentraining		
24	Mein Lineal ist ideal	2, 3	Umgang mit dem Lineal	2: S. 37	2/2: S. 10
26	Verdoppeln	2	Verdoppeln	2: S. 67	2/1: S. 30
28	Der Bär	2	Rechnen im ZR bis 30	2: S. 24	2/1: S. 18

Die beiden letzten Spalten geben Hinweise darauf, zu welchen Seiten in den Veritas-Schulbüchern für Mathematik die Lieder passen.

ZR = Zahlenreise
ME = Mathematik entdecken

Seite	Lied	Klasse	Inhalt	ZR	ME
30	Supermann und Superfrau	2	Analogie im 1. und 2. Zehner	2: S. 10	2/1: S. 17
32	Größer als, kleiner als	2	Übungen zu den Zeichen „größer als" und „kleiner als"	2: S. 7	2/1: S. 39
34	Lilo, die Elefantenfrau	3	Maßeinheit Tonne	3: S. 74	3/1: S. 5
36	Junikäfer, Hosenknopf	3	Schätzen – Wägen	3: S. 49	3/1: S. 62
38	Herr Lehrer Kinkel	3	Rechter Winkel	3: S. 40	3/2: S. 9
40	Überall	3	Parallele Linien	3: S. 39	3/2: S. 8
42	Turteltaube, Wasserratte	4	Symmetrie	4: S. 66	4/2: S. 47
44	Otto Hader und der Quader	4	Köpernetze	4: S. 71	4/2: S. 73
46	Umfang umfangen	4	Umfang berechnen	4: S. 10	4/1: S. 66
48	Eberhard, ach Eberhard	4	Quadratmeter	4: S. 54	4/2: S. 25
50	Schulhaussong	4	Orientierung rechts/links	4: S. 26	4/1: S. 14
52	Alphabetisches Verzeichnis der Lieder und Liedanfänge				

Der Mathe-Fuchs

Text: Gabi Bauer / Musik: Franz Moser

1. Ich bin der schlau-e Ma-the-Fuchs. Ich bin kein Hund und auch kein Luchs! Ich nehm euch auf 'ne Rei-se mit, die Zah-len sind für mich ein Hit! Ich bin der schlau-e Ma-the-Fuchs. Ich bin kein Hund und auch kein Luchs! Ich bin kein Hund und auch kein Luchs! Ich bin der schlau-e Ma-the-Fuchs.

2. Ich bin der schlaue Mathe-Fuchs.
   Ich bin kein Hund und auch kein Luchs!
   Ich esse zwanzig Gummibär'n,
   Die krieg ich, weil ich so viel lern.
   Das Einmaleins kann ich im Schlaf,
   Bin schlauer Fuchs, nicht dummes Schaf!
   Bin schlauer Fuchs, nicht dummes Schaf,
   das Einmaleins kann ich im Schlaf!

Wie heißt dieser Fuchs?

Löse die Rechnungen und mal dann die Ergebnisfelder an!
Wenn du richtig gerechnet hast, erfährst du, wie dieser Fuchs heißt.

7 + 5 = ____   16 + 6 = ____   8 − 4 = ____   25 + 2 = ____

8 + 6 = ____   16 + 7 = ____   12 − 4 = ____   25 + 4 = ____

9 + 7 = ____   16 + 5 = ____   16 − 6 = ____   25 + 1 = ____

7 + 4 = ____   16 + 8 = ____   12 − 3 = ____   25 + 5 = ____

3	11	20	24	14	17	9	23	33	19	12	2	29
B	W	D	Ü	ST	G	E	N	J	R	F	Y	U

31	26	10	15	16	7	22	21	8	35	30	4	27
Z	C	H	Ä	S	P	K	I	L	V	A	M	O

Lieder für den Mathematikunterricht © VERITAS-Verlag

Die Zweier-Reihe

Musik: Franz Moser

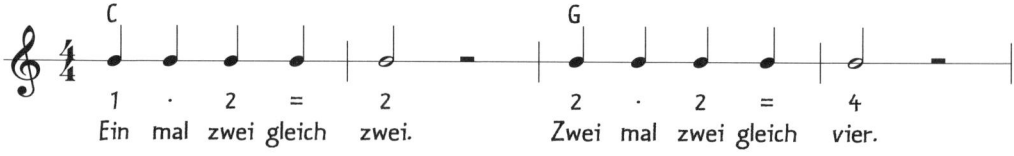

C G
1 · 2 = 2 2 · 2 = 4
Ein mal zwei gleich zwei. Zwei mal zwei gleich vier.
C F
3 · 2 = 6 4 · 2 = 8
Drei mal zwei gleich sechs. Vier mal zwei gleich acht.
G C
5 · 2 = 10 6 · 2 = 12
Fünf mal zwei gleich zehn. Sechs mal zwei gleich zwölf.
C G
7 · 2 = 14 8 · 2 = 16
Sie-ben mal zwei gleich vier - zehn. Acht mal zwei gleich sech - zehn.
C G C
9 · 2 = 18 10 · 2 = 20
Neun mal zwei gleich acht - zehn. Zehn mal zwei gleich zwan - zig!

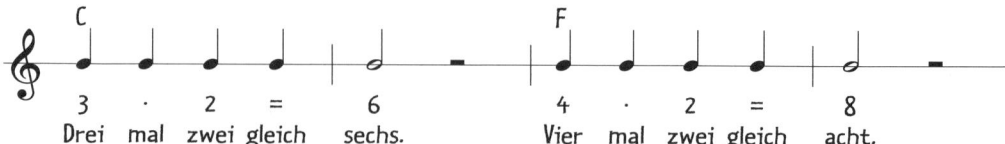

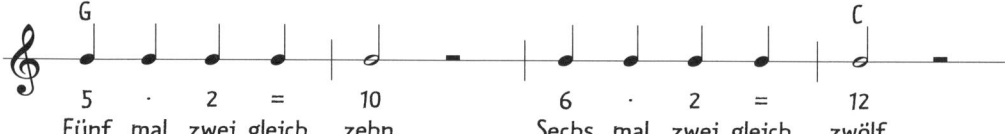

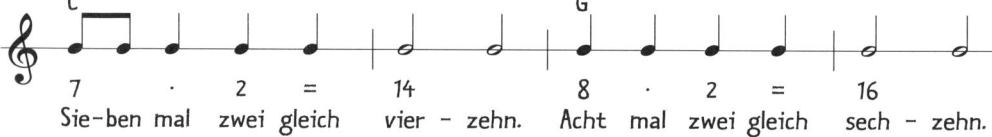

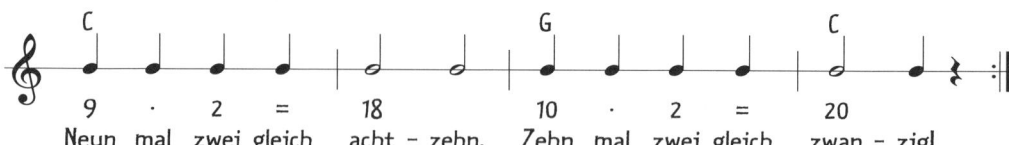

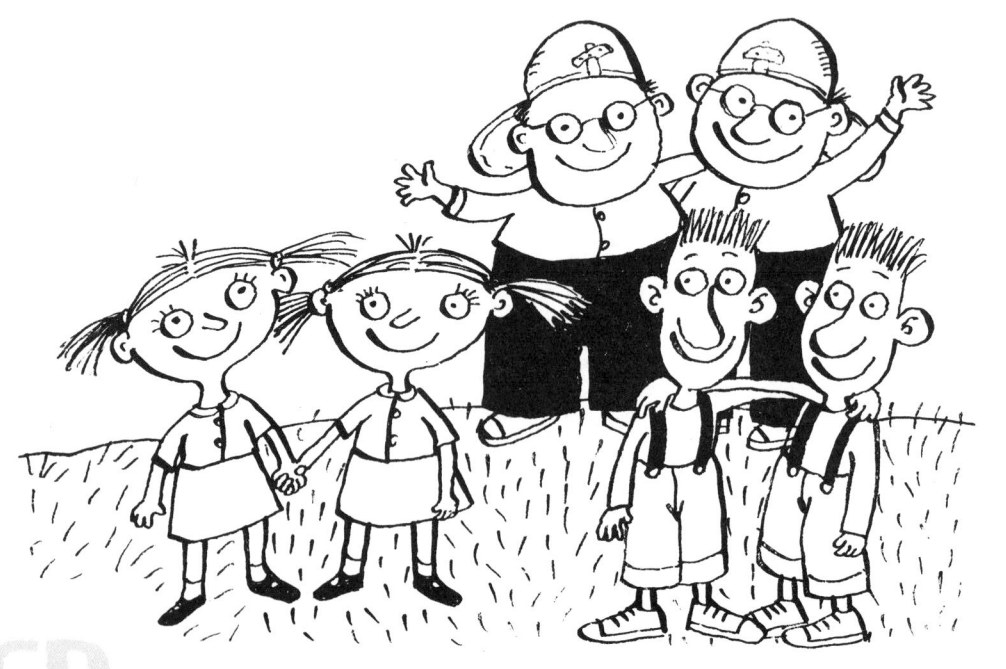

Der Einmaleins-Führerschein

Das ist dein **Einmaleinsführerschein**.
Du kannst damit überprüfen, welche Einmaleins-Reihen du schon auswendig kannst.
Wen brauchst du dazu? Deine Partnerin, deinen Partner, deine Lehrerin oder deinen Lehrer.
Wie kannst du dich überprüfen?
Wenn du die Reihe vorwärts oder rückwärts fehlerfrei aufgesagt hast, bekommst du einen Stempel.
Vielleicht kopiert dir deine Lehrerin oder dein Lehrer auch deinen eigenen Führerschein?

	vor-wärts	rück-wärts		vor-wärts	rück-wärts
1er-Reihe			6er-Reihe		
2er-Reihe			7er-Reihe		
3er-Reihe			8er-Reihe		
4er-Reihe			9er-Reihe		
5er-Reihe			10er-Reihe		

In der Drachenhöhle

Was brauchst du dazu? Knöpfe, Spielkegel und Würfel
Wie viele Kinder spielen mit? 2
Wie wird gespielt?
Die Knöpfe werden auf die Felder im Drachenbauch gelegt. Wer die höhere Augenzahl würfelt, beginnt. Kommst du auf ein Drachenfeld, hebst du einen Knopf und versuchst die Rechnung zu lösen. Hast du das richtige Ergebnis errechnet, darfst du den Knopf behalten. Könnt ihr den Bauch des Drachen leeren?

Die Vierer-Reihe

Musik: Franz Moser

1 · 4 = 4
Ein mal vier gleich vier.
2 · 4 = 8
Zwei mal vier gleich acht.
3 · 4 = 12
Drei mal vier gleich zwölf.
4 · 4 = 16
Vier mal vier gleich sech - zehn.
5 · 4 = 20
Fünf mal vier gleich zwan - zig.
6 · 4 = 24
Sechs mal vier gleich vier - und - zwan - zig.
7 · 4 = 28
Sie - ben mal vier gleich acht - und - zwan - zig.
8 · 4 = 32
Acht mal vier gleich zwei - und - drei - ßig.
9 · 4 = 36
Neun mal vier gleich sechs - und - drei - ßig.
10 · 4 = 40
Zehn mal vier gleich vier - zig.

Ein Elefantenspiel

Was brauchst du dazu? Für jedes Kind 1 Spielkegel, 2 Würfel
Wie viele Kinder spielen mit? 2
Wie wird gespielt?
Das Kind, das die höchste Augenzahl würfelt, beginnt und würfelt mit beiden Würfeln. Mit den aufliegenden Würfelaugen darf plus, minus und mal gerechnet werden. Passt die Ergebniszahl für das erste Spielfeld, ist es also eine Zahl aus der 5er-Reihe, darf der Spielkegel vorrücken. Entspricht das Ergebnis nicht, muss der Kegel stehen bleiben. Gewonnen hat, wer zuerst das Ziel erreicht.

Eine Reise durch die Dreier-Reihe

Was brauchst du dazu? Für jedes Kind 1 Spielkegel, 1 Würfel
Wie viele Kinder spielen mit? 2
Wie wird gespielt?
Das Kind, das die höchste Augenzahl würfelt, beginnt. Wer auf ein Rechnungsfeld kommt, muss die Rechnung lösen; das Kind, das mitspielt, kontrolliert. Stimmt das Ergebnis nicht, musst du ein Feld zurück rücken. Triffst du auf ein „Hindernis", erfährst du, was du tun musst. Gute Reise!

Die Sechser-Reihe

Musik: Franz Moser

F C F
6 12 18 24 30
Sechs, zwölf, acht - zehn, vier - und - zwan - zig, drei - ßig,
F C F
36 42 48 54
sechs-und-drei-ßig, zwei-und-vier-zig, acht-und-vier-zig, vier-und-fünf-zig
B♭ C F
60
und dann kommt schon sech - zig, und aus!

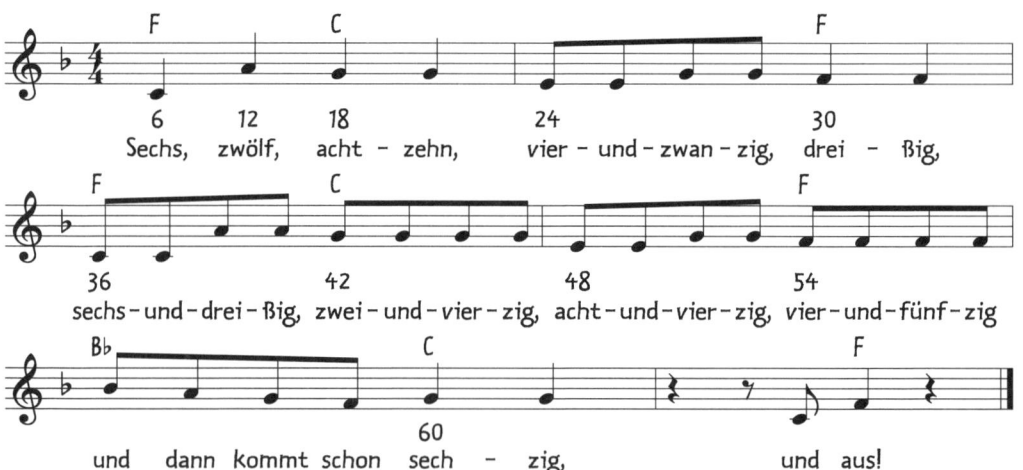

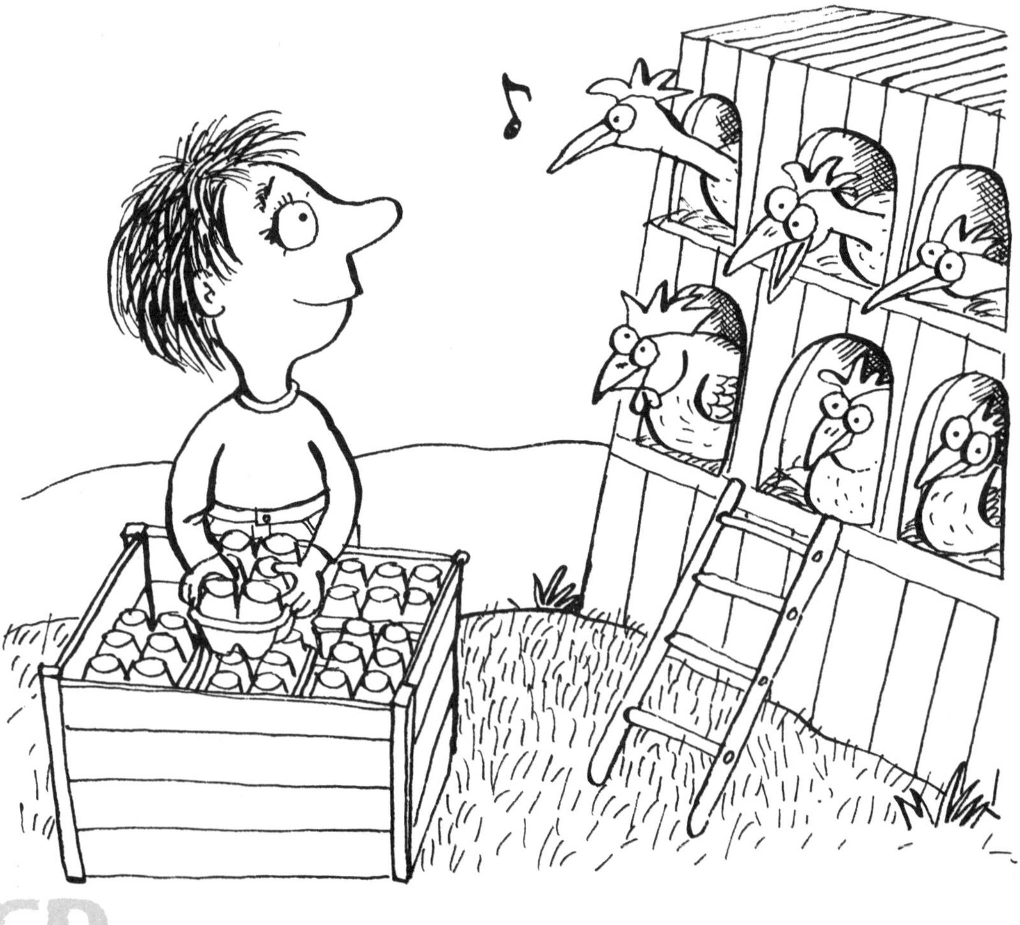

Rechnen wie bei Stadt-Land-Fluss

Was brauchst du dazu? 1 Bleistift für jedes Kind
Wie viele Kinder spielen mit? 3 bis 4. Vor jedem Durchgang wird die Spielleiterin oder der Spielleiter ermittelt.
Wie wird gespielt?
Zu Beginn jedes Spieldurchganges beginnt die Spielleiterin oder der Spielleiter zu zählen. Durch den Zuruf „Stopp!" wird die Spielzahl ermittelt. Nun beginnt das Rechnen. Das Kind, das zuerst alle Ergebnisse notiert hat, ruft: „Stopp!" Falsche Ergebnisse werden durchgestrichen, für jedes richtige Ergebnis wird in die Tabelle ein Punkt eingetragen.

Wenn du auch die 8er-Reihe gelernt hast, kannst du das Spiel noch einmal spielen.

Spielzahl	mal 2	mal 6	mal 3	mal 4	mal 5	Punkte

Spielzahl	mal 2	mal 6	mal 3	mal 4	mal 5	mal 8	Punkte

Die Achter-Reihe

Musik: Franz Moser

1 · 8 = 8
Ein mal acht gleich acht.

2 · 8 = 16
Zwei mal acht gleich sech-zehn.

3 · 8 = 24
Drei mal acht gleich vier-und-zwan-zig.

4 · 8 = 32
Vier mal acht gleich zwei-und-drei-ßig.

5 · 8 = 40
Fünf mal acht gleich vier-zig.

6 · 8 = 48
Sechs mal acht gleich acht-und-vier-zig.

7 · 8 = 56
Sie-ben mal acht gleich sechs-und-fünf-zig.

8 · 8 = 64
Acht mal acht gleich vier-und-sech-zig.

9 · 8 = 72
Neun mal acht gleich zwei-und-sieb-zig.

10 · 8 = 80
Zehn mal acht gleich acht-zig.

Stopp bei 1

Was brauchst du dazu? 1 Würfel und 2 Stifte mit unterschiedlichen Farben
Wie viele Kinder spielen mit? 2
Wie wird gespielt?
Das Kind, das die höchste Augenzahl würfelt, darf mit dem Rechnen beginnen. Auf „Achtung, fertig, los!" fängt es an, die Aufgaben des Spielplanes zu lösen. Die Ergebnisse notiert es mit seinem Farbstift. Das andere Kind würfelt daneben immer weiter. Wirft es eine Eins, so ruft es: „Stopp!", dann wird gewechselt. Nun darf das andere Kind weiterrechnen und seine Partnerin oder sein Partner muss würfeln. Gewonnen hat jenes Kind, das die meisten richtigen Ergebnisse in seiner Farbe notiert hat.

4 · 4 = ___	4 · 2 = ___	8 · 8 = ___	7 · 4 = ___
3 · 5 = ___	9 · 4 = ___	4 · 3 = ___	3 · 8 = ___
2 · 6 = ___	3 · 3 = ___	6 · 4 = ___	4 · 8 = ___
5 · 5 = ___	6 · 8 = ___	7 · 3 = ___	6 · 6 = ___
3 · 6 = ___	2 · 8 = ___	8 · 2 = ___	7 · 8 = ___
9 · 5 = ___	5 · 3 = ___	9 · 8 = ___	9 · 3 = ___

Kontrollfeld (wird während des Spieles abgedeckt!):

16	8	64	28
15	36	12	24
12	9	24	32
25	48	21	36
18	16	16	56
45	15	72	27

Treppenspiel

Was brauchst du dazu? 2 Würfel, 2 Farbstifte
Wie viele Kinder spielen mit? 2
Wie wird gespielt?
Zuerst muss entschieden werden, welches Kind auf welcher Seite der Treppe spielt. Es wird abwechselnd mit beiden Würfeln gewürfelt. Mit den Augenzahlen der Würfel kann plus, minus oder mal gerechnet werden. Trifft man mit diesem Ergebnis eine Zahl auf der Treppe, so wird diese mit Farbstift eingeringelt. Wer hat zuerst alle Zahlen eingeringelt?

Zahlenräder und Zahlensterne

Trag die fehlenden Zahlen ein!

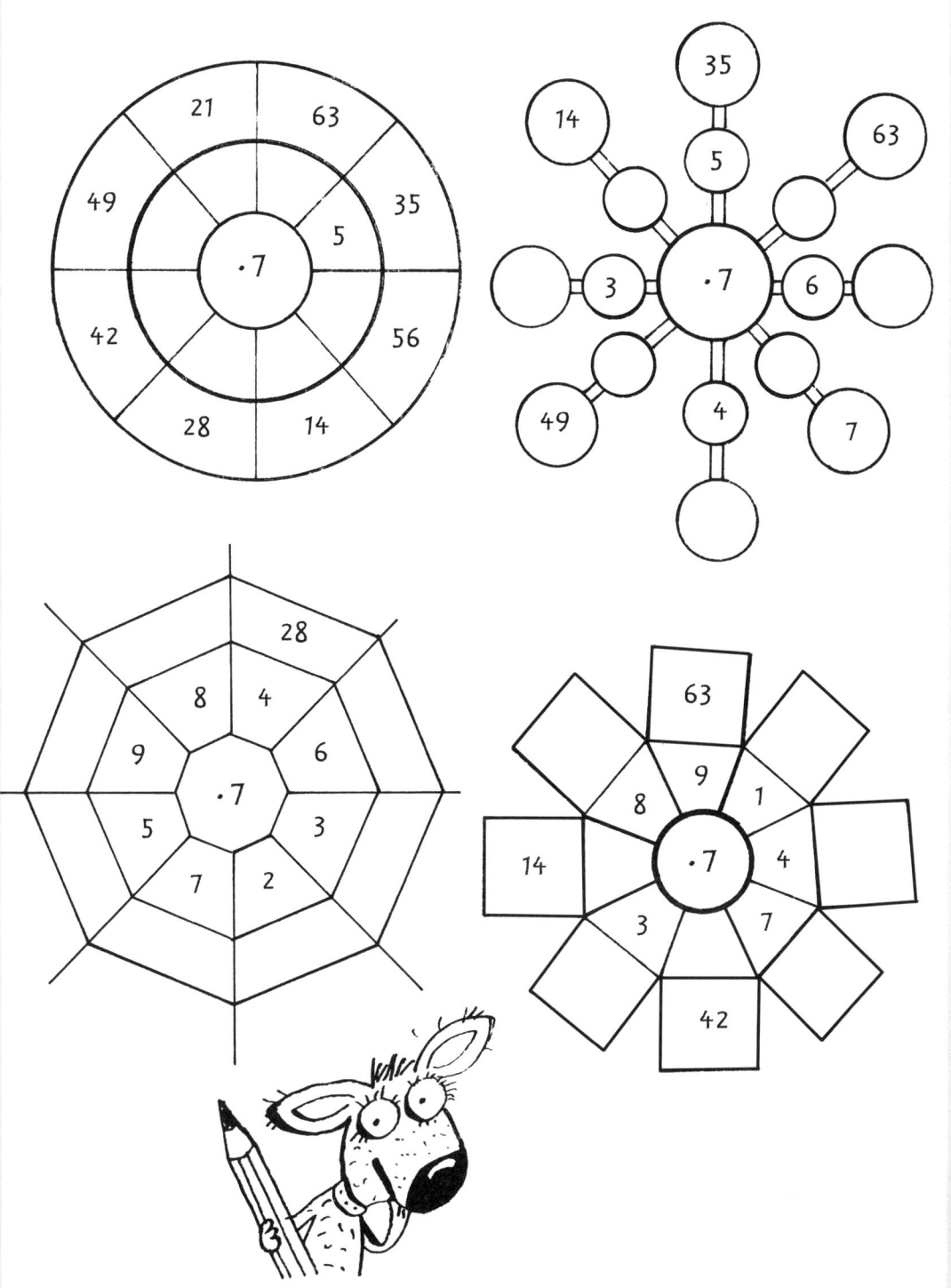

EINMALEINSZAUBEREI

Musik: Franz Moser

1 · 2 = 2
Ein mal zwei gleich zwei.
2 · 2 = 4
Zwei mal zwei gleich vier.

3 · 2 = 6
Drei mal zwei gleich sechs.
4 · 2 = 8
Vier mal zwei gleich acht.

5 · 2 = 10
Fünf mal zwei gleich zehn.
6 · 2 = 12
Sechs mal zwei gleich zwölf.

7 · 2 = 14
Sie-ben mal zwei gleich vier-zehn.
8 · 2 = 16
Acht mal zwei gleich sech-zehn.

9 · 2 = 18
Neun mal zwei gleich acht - zehn.
10 · 2 = 20
Zehn mal zwei gleich zwan-zig.

Du kannst dieses Lied mit allen
Einmaleinsreihen singen:
Ein mal zwei gleich …
Ein mal drei …
…

Zauberschnecke – Rechenschnecke

Beginne bei der Zahl in der Mitte des Schneckenhauses zu rechnen und folge dann den Drehungen des Schneckenhauses.
Kontrolliere die Ergebnisse selbst mit den Zahlen in der Kontrollschnecke!

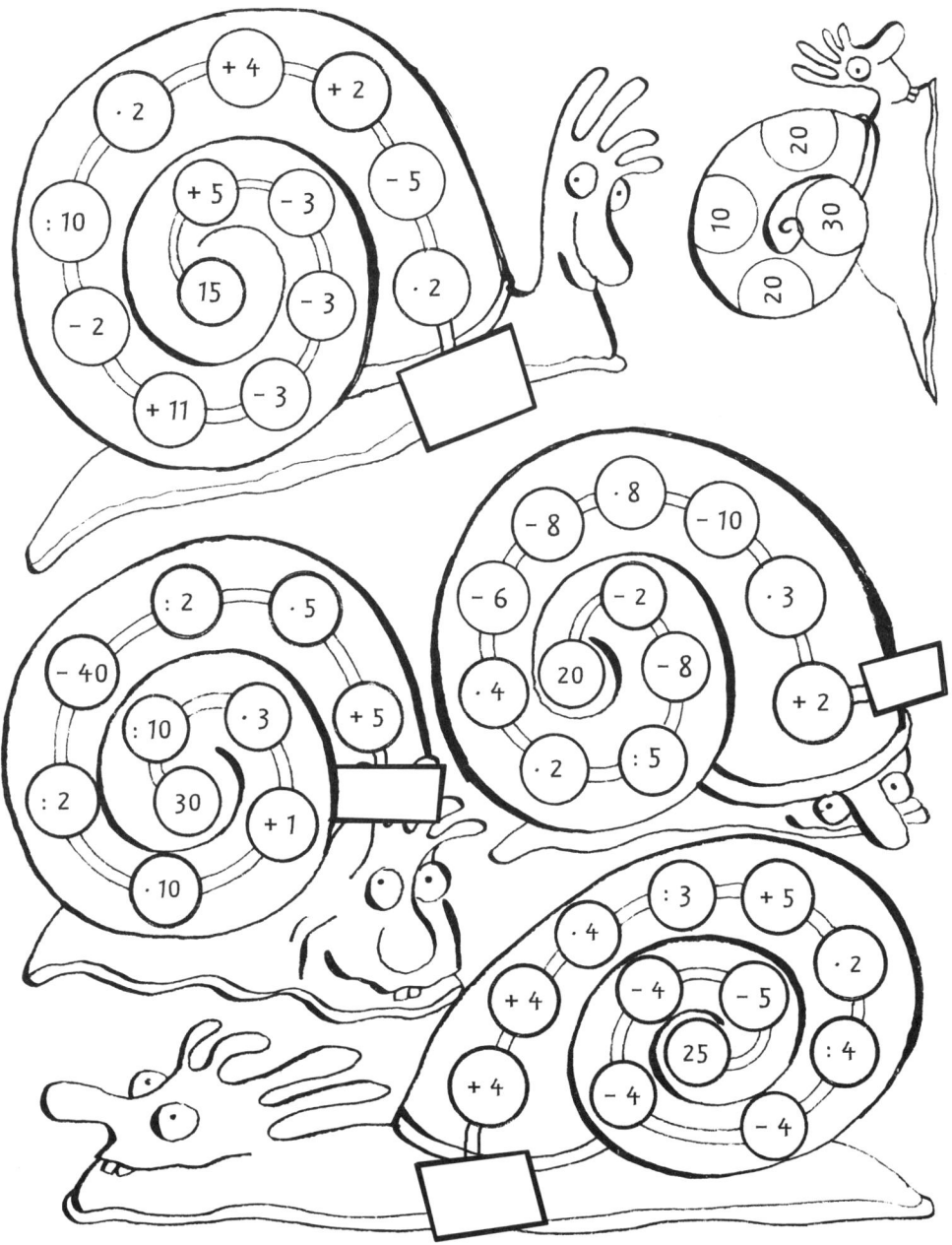

Auf der CD findest du zusätzlich musikalisch-rhythmische Einmaleins-Quiz, mit denen du weitertrainieren kannst. Fang am besten mit den langsameren an (Nr. 21 bis 24), dann kannst du dich steigern (Profis: Nr. 26 bis 29).
EinmaleinsquizBaumeisterInnen trainieren mit Nr. 25 und 30 weiter!

MEIN LINEAL IST IDEAL

Text: Gabi Bauer / Musik: Franz Moser

1. Ver-bin-den soll ich A und B und spä-ter B und C. Ver-bin-den soll ich A und B und spä-ter B und C. Ref.: Das ist ein kla-rer, kla-rer Fall: Ich brau-che mein, mein Li-ne-al! Das ist ein kla-rer, kla-rer Fall: Ich brau-che mein, mein Li-ne-al!
Ja er braucht sein, sein Li-ne-al!

2. Vermessen soll ich einen Strich,
den Nullpunkt suche ich.
Vermessen soll ich einen Strich,
den Nullpunkt suche ich.

3. Ein Geodreieck hab ich heut.
Ich zeigs euch, liebe Leut!
Mit diesem kann ich messen auch,
wenn ich 'ne Länge brauch.

Dazu brauchst du dein Lineal!

Wenn du die Punkte in der angegebenen Reihenfolge verbindest, entstehen Figuren. Die Lösungswörter (in Spiegelschrift) können dir dabei helfen!

lidokorK

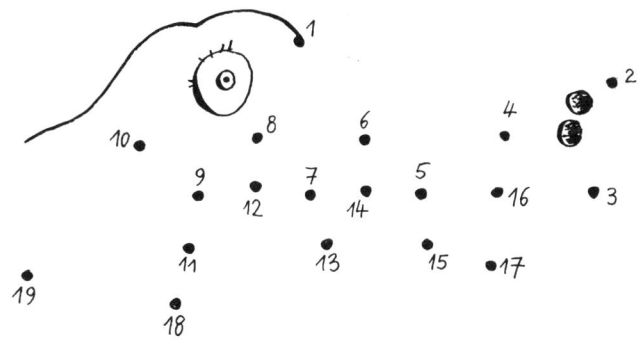

enorK

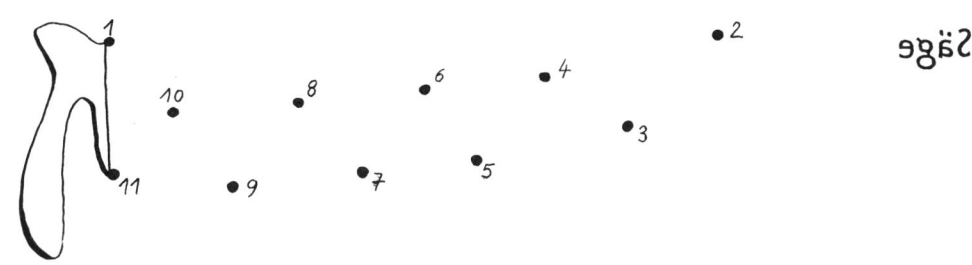

egäS

revollup

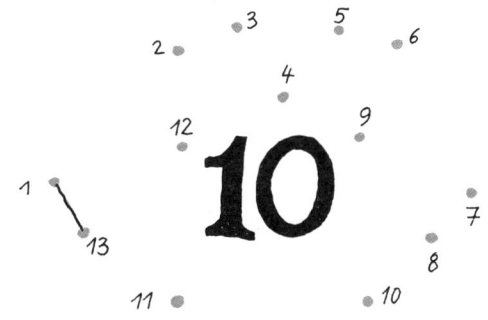

VERDOPPELN

Text: Gabi Bauer / Musik: Franz Moser

1. Das Doppelte von eins ist zwei.
Ich sitz bei meinem Frühstücksei.
Das Doppelte von zwei ist vier.
Ich gehe aus der Wohnungstür.

Ref.: Doppelt und Verdoppeln:
Rechne nur mal zwei!
Dann ist das Verdoppeln
keine Hexerei!

2. Das Doppelte von drei ist sechs.
Ich knabbere mein Pausenkeks.
Das Doppelte von vier ist acht.
Ich lache, weil der Fredi lacht.

3. Das Doppelte von fünf ist zehn.
Jetzt werden wir gleich turnen gehn.
Das Doppelte von sechs ist zwölf.
Ich zeichne kleine, graue Wölf'.

Track 33 und 34 — Lieder für den Mathematikunterricht © VERITAS-Verlag

Schau doch in den Zauberspiegel!

Schau dir die erste Zahl an, betrachte sie im Zauberspiegel und du wirst sehen, sie verdoppelt sich von selbst!

DER BÄR

Text: Gabi Bauer / Musik: Franz Moser

2. Der Bär sitzt vor dem Honigtopf
und schüttelt langsam seinen Kopf.
Im Topf, der ihm so ruhig erschienen,
summen … Bienen.
… konnte er verjagen.
Wie viel können ihn noch plagen?

Tiergeschichten

Eine Geschichte, eine Rechnung und ein Ergebnis passen immer zusammen.
Mal die Kreise so an, dass man erkennt, was zusammengehört!

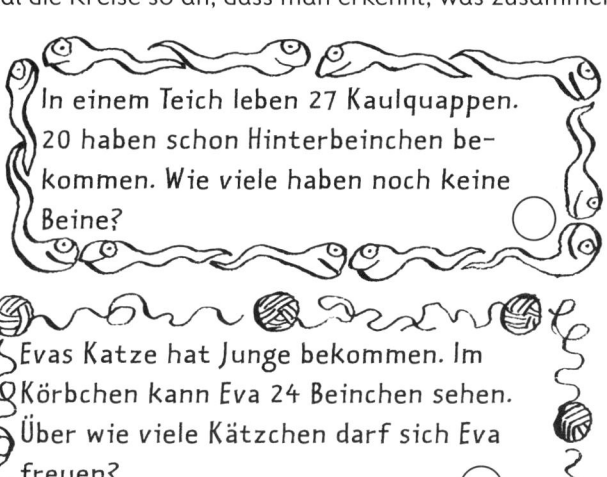

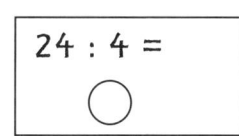

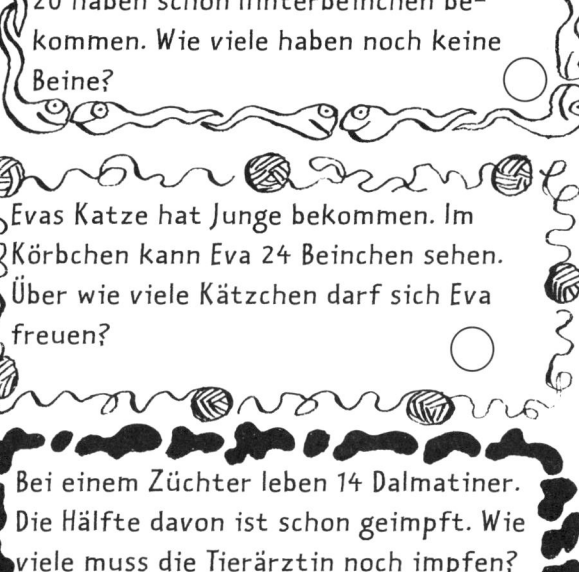

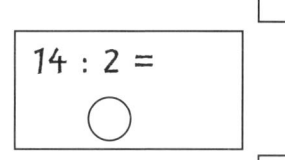

In einem Teich leben 27 Kaulquappen. 20 haben schon Hinterbeinchen bekommen. Wie viele haben noch keine Beine?

24 : 4 = ○

19 ○

Evas Katze hat Junge bekommen. Im Körbchen kann Eva 24 Beinchen sehen. Über wie viele Kätzchen darf sich Eva freuen?

14 : 2 = ○

11 ○

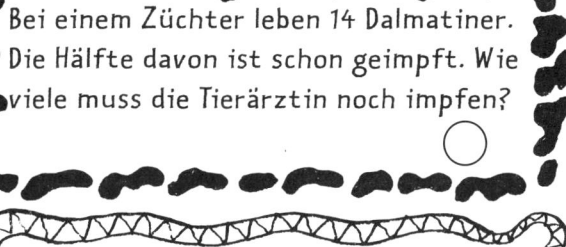

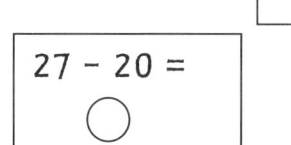

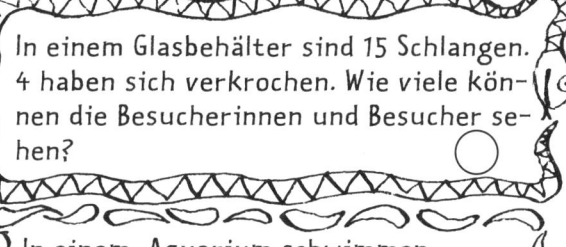

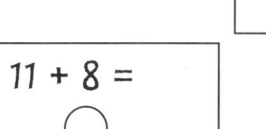

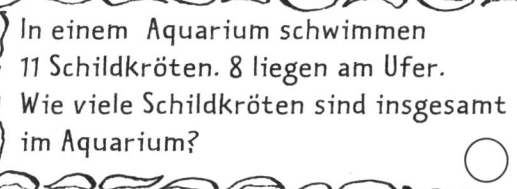

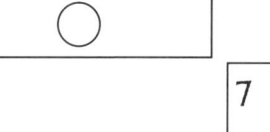

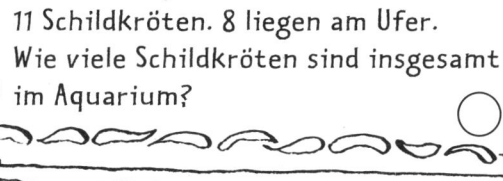

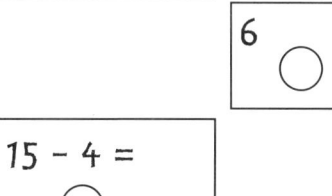

Bei einem Züchter leben 14 Dalmatiner. Die Hälfte davon ist schon geimpft. Wie viele muss die Tierärztin noch impfen?

27 − 20 = ○

7 ○

In einem Glasbehälter sind 15 Schlangen. 4 haben sich verkrochen. Wie viele können die Besucherinnen und Besucher sehen?

11 + 8 = ○

7 ○

In einem Aquarium schwimmen 11 Schildkröten. 8 liegen am Ufer. Wie viele Schildkröten sind insgesamt im Aquarium?

20 − 7 = ○

6 ○

In einer Scheibtruhe waren 20 Fleischstücke. Die Löwen haben 7 Stücke verschlungen. Wie viele bleiben für die Tiger übrig?

15 − 4 = ○

13 ○

Supermann und Superfrau

Text: Gabi Bauer / Musik: Franz Moser

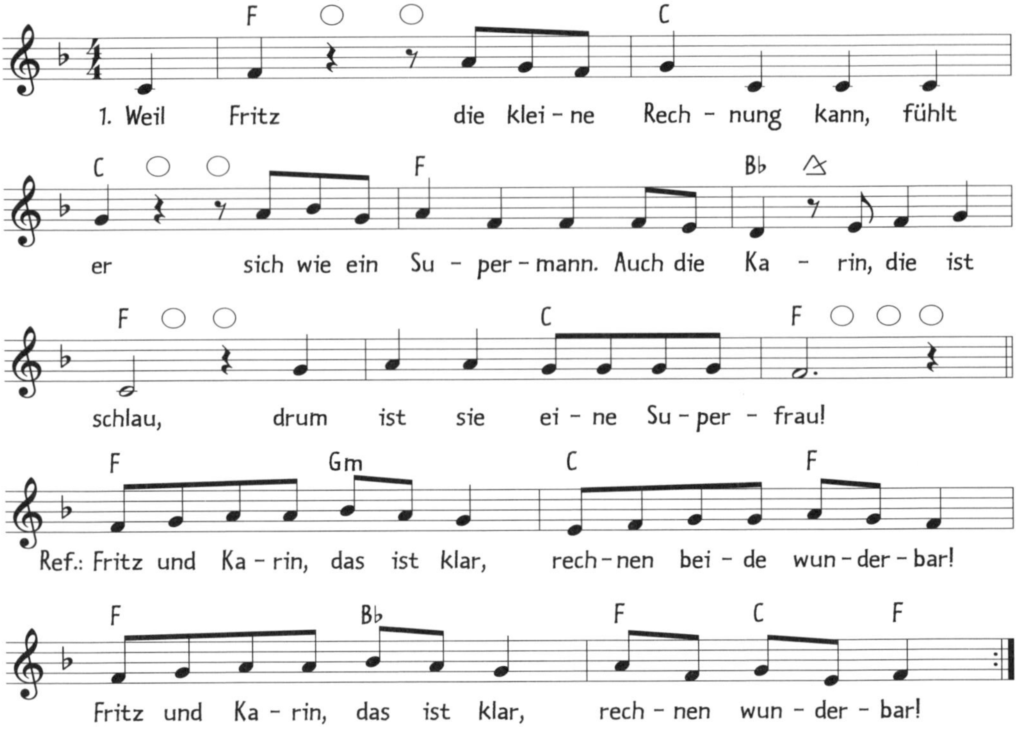
F C
1. Weil Fritz die klei - ne Rech - nung kann, fühlt
C F B♭
er sich wie ein Su - per - mann. Auch die Ka - rin, die ist
F C F
schlau, drum ist sie ei - ne Su - per - frau!
F Gm C F
Ref.: Fritz und Ka - rin, das ist klar, rech - nen bei - de wun - der - bar!
F B♭ F C F
Fritz und Ka - rin, das ist klar, rech - nen wun - der - bar!

2. Sie schaun sich erst die Rechnung an
und suchen die verwandte dann.
Sie sehn auf einen Blick:
Der Zehner macht die Rechnung dick!

3. Sie streichen gleich den Zehner weg,
die Rechnung, die verliert den Schreck.
Sie sehn mit sich'rem Blick:
Die Rechnung ist ganz leicht, ein Glück!

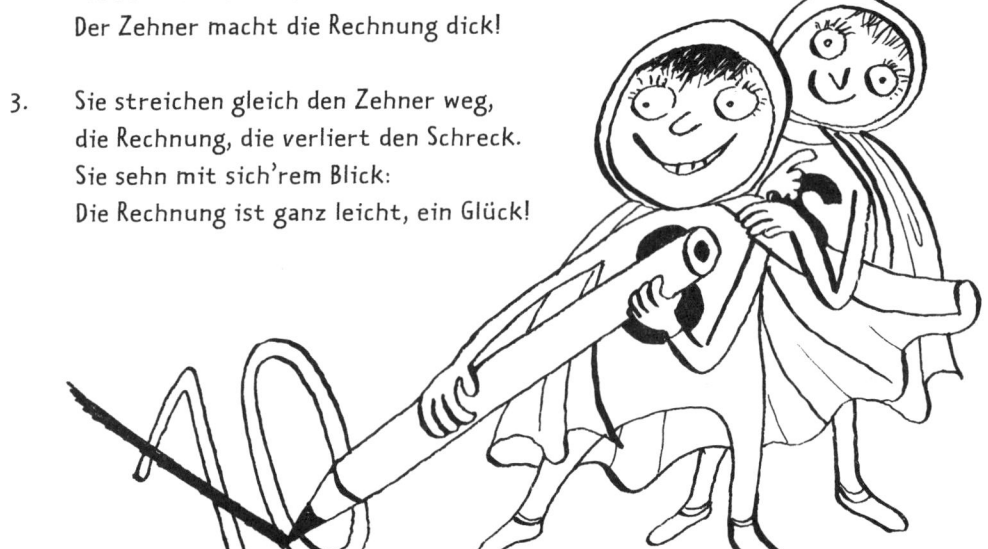

Ein Spiel für Superfrauen und Supermänner

Was brauchst du dazu? Für jedes Kind 1 Spielkegel, 1 Würfel
Wie viele Kinder spielen mit? 2 oder 3
Wie wird gespielt?
Das Kind, das die höchste Augenzahl würfelt, beginnt. Triffst du auf ein Feld mit Rechnung, rückst du auf das passende Ergebnis vor oder zurück. Landest du auf einem Ergebnis, wandert dein Spielkegel zum Feld mit der Rechnung. Vitaminreiche Karotten bringen dich drei Felder vor. Das Krafttraining mit den Hanteln kostet Zeit: Rück zwei Felder zurück!
Es muss genau ins Ziel gewürfelt werden!

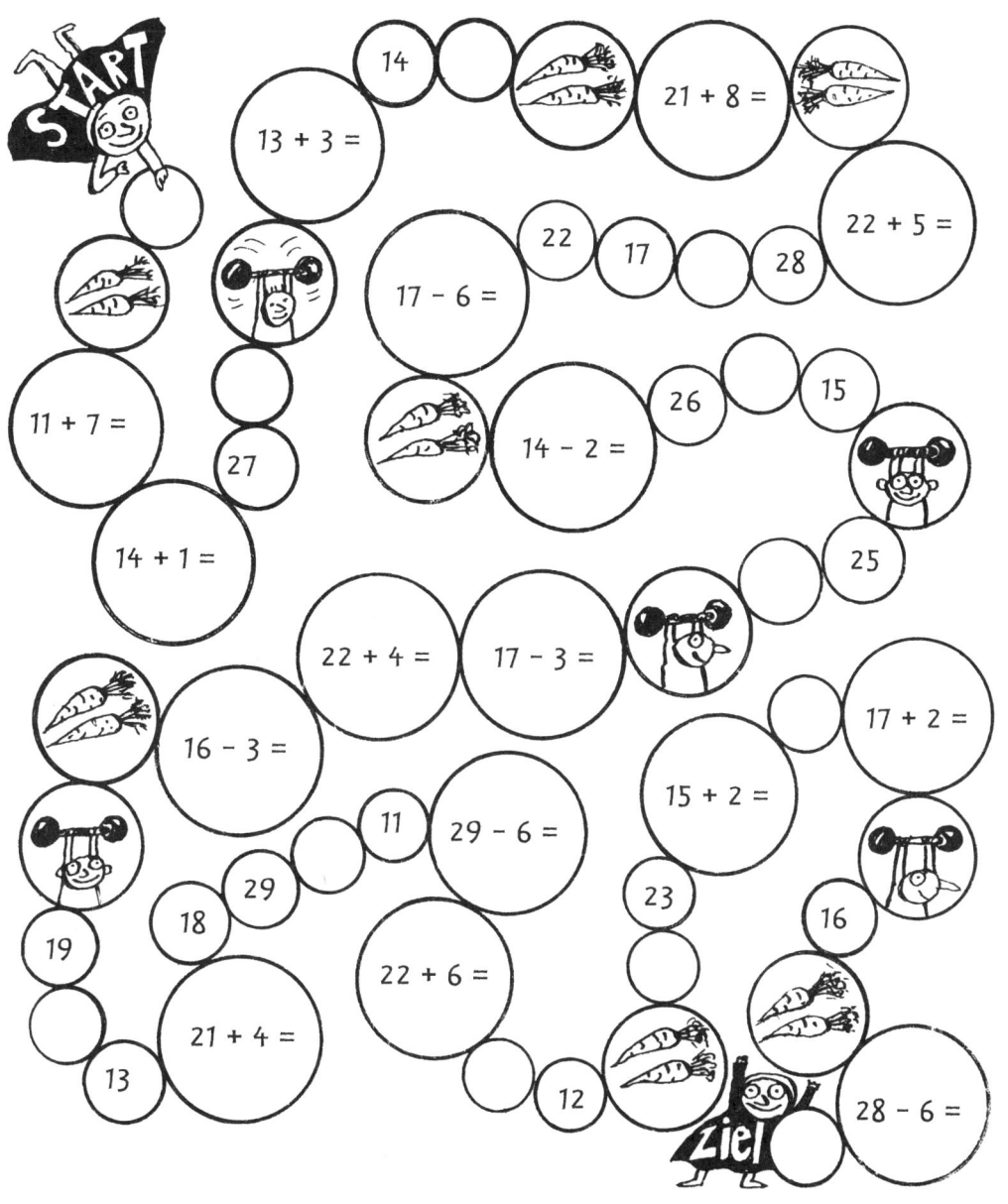

GRÖSSER ALS, KLEINER ALS

Text: Gabi Bauer / Musik: Franz Moser

1. Rechts steht ei-ne Zie-ge, links sitzt ei-ne Flie-ge, ich sitz mit-ten-drin. Rat mal, wer ich bin! Grö-ßer als die Flie-ge, klei-ner als die Zie-ge! Nur kei-ne Ban-ge: Ich bin ei-ne Schlan-ge!

Ref.: Grö-ßer als, klei-ner als: Die-ses Zei-chen kennst du. Bit-te mal's!

2. Rechts hockt eine Möwe,
links schläft fest ein Löwe,
ich sitz mittendrin.
Rat mal, wer ich bin!
Größer als die Möwe,
kleiner als der Löwe!
Komm in die Nähe:
Ich bin eine Krähe!

3. Rechts kriecht eine Schabe,
links, da krächzt ein Rabe,
ich sitz mittendrin.
Rat mal, wer ich bin!
Größer als die Schabe,
kleiner als der Rabe!
Fress keine Traube:
Ich bin eine Taube!

Größer als oder kleiner als?

Leg ein Blatt Papier auf den grauen Streifen: Das ist das Feld für deine Selbstkontrolle.
Dann brauchst du jeweils 4 Plättchen.
Lies so: „Der Dackel ist größer als die Schnecke."
Das Feld $\boxed{<}$ wird also mit dem Plättchen abgedeckt.

Wenn du alle 4 Aufgaben erledigt hast, kontrollierst du dich selbst, indem du den Papierstreifen wegnimmst.

Dackel	>	<	Schnecke	>
Eichkätzchen	>	<	Zebra	<
Regenwurm	>	<	Laus	>
Eidechse	>	<	Fliege	>
Möwe	>	<	Ziege	<
Taube	>	<	Löwe	<
Schmetterling	>	<	Amsel	<
Krokodil	>	<	Schlange	>
Marder	>	<	Elch	<
Kalb	>	<	Stier	<
Küken	>	<	Hahn	<
Rabe	>	<	Storch	<

Lilo, die Elefantenfrau

Text: Gabi Bauer / Musik: Franz Moser

1. Ein Elefant von einer Tonne lag ganz gemütlich in der Sonne. „Der schöne Mann hat tausend Kilo!", sagt die Elefantin Lilo.

Ref.: „Eine Tonne hat tausend Kilo!", sagt die Elefantin Lilo.

2. Ich kaufe eine Tonne Kohlen
   und lasse sie vom Schiff dann holen.
   „Die Kohlen haben tausend Kilo!",
   sagt die Elefantin Lilo.

Eine Schiffsladung

Was brauchst du dazu? 20 Plättchen, 1 Würfel, 1 Spielkegel für jedes Kind
Wie viele Kinder spielen mit? 2
Wie wird gespielt?
Das Kind mit der höheren Augenzahl beginnt. Kommst du auf ein „Gewichtsfeld", nimmst du ein Plättchen und legst es an den Rand des Feldes. Wenn das andere Kind auf ein „Gewichtsfeld" kommt, das mit diesem zusammen 1 Tonne ergibt, werden beide Plättchen „auf das Schiff geladen". Schreibt auf, wie viele Tonnen ihr gemeinsam bei jeder Spielrunde auf das Schiff laden könnt!

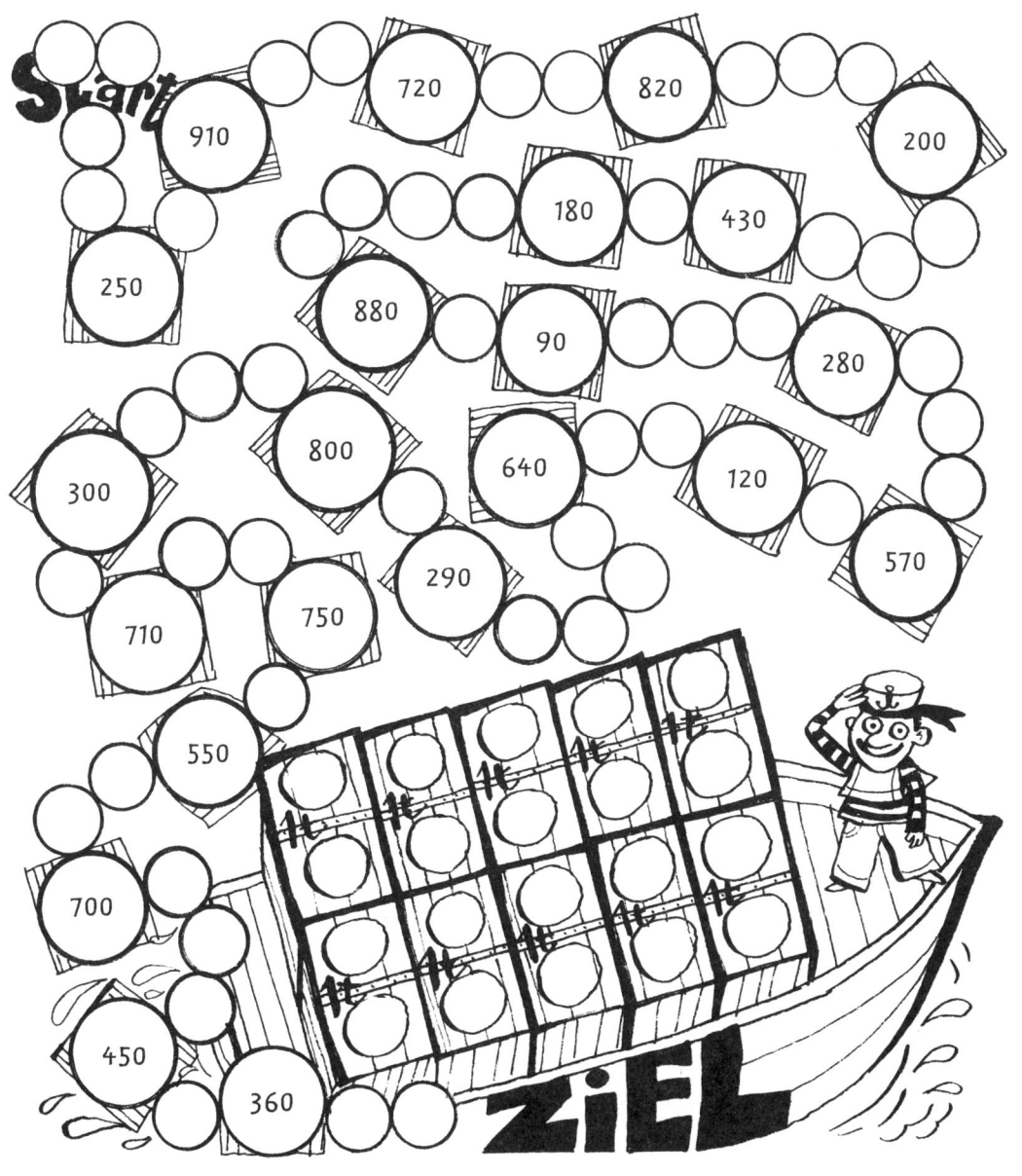

JUNIKÄFER, HOSENKNOPF

Text: Gabi Bauer / Musik: Franz Moser

Ref.: Schät-zen ist wich-tig, gar kei-ne Fra-ge! Muss es ge-nau sein, ho-le die Waa-ge!

1. Ju-ni-kä-fer, Ho-sen-knopf und die Ma-sche für den Zopf, auch der klei-ne Pup-pen-kamm wie-gen un-ge-fähr ein Gramm.

2. Schokokugel, Pferdehaar
   und das Kleeblatt für Neujahr,
   eine Locke von dem Lamm
   wiegen ungefähr ein Gramm.

3. Gänseblümchen, Taschentuch –
   mach noch einen Schätzversuch!
   Gummibärchen, Haselnuss –
   mit dem Schätzen ist jetzt Schluss!

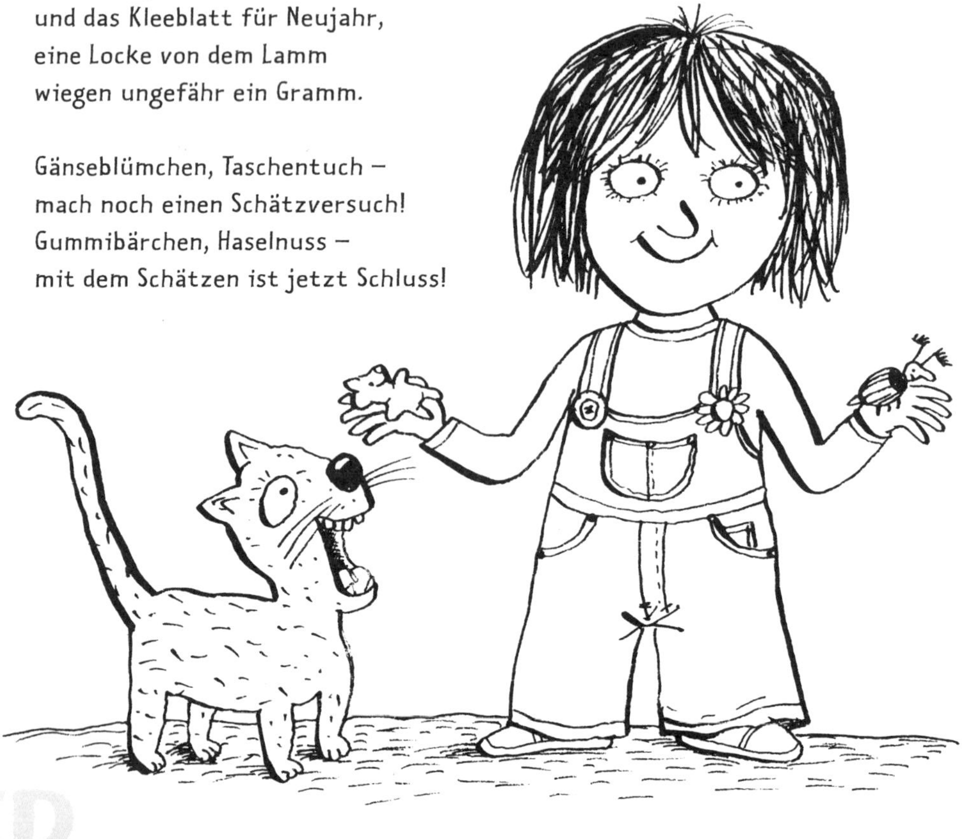

Entspannung nach dem Schätzen, Wägen und Kontrollieren

Wähl deine Farben aus und bemale das Mandala von außen nach innen!

Lieder für den Mathematikunterricht © VERITAS-Verlag

HERR LEHRER KINKEL

Text: Gabi Bauer / Musik: Franz Moser

Ref.: „Al - so!", sprach der Leh - rer Kin - kel: „Heut gehts um den rech - ten Win - kel! Schaut euch um in al - len E - cken, wo sich neun - zig Grad ver - ste - cken!" 1. Tep - pich, Fens - ter, Ar - beits - blatt ha - ben Win - kel, ha - ben Win - kel, ha - ben Win - kel mit neun - zig Grad.

2. Tasche, Tafel, Zeichenblatt
   haben Winkel, haben Winkel,
   haben Winkel mit neunzig Grad.

3. Schreibtisch, Türstock, Notenblatt
   haben Winkel, haben Winkel,
   haben Winkel mit neunzig Grad.

Ein Spiel mit vielen rechten Winkeln

Was brauchst du dazu? Für jedes Kind 1 Spielkegel, 7 gleichfärbige Plättchen, Würfel
Wie viele Kinder spielen mit? 2
Wie wird gespielt?
Die jeweils 7 Plättchen werden auf beliebige Felder aufgelegt. Das Kind, das die höhere Augenzahl würfelt, darf beginnen. Es startet bei „Start A", das zweite Kind bei „Start B". Man muss jeweils 3 Felder ziehen und dazu sprechen. Zum Beispiel: „Ich ziehe ein Feld nach rechts und zwei nach oben." Auf die Felder mit den Plättchen darf der Spielkegel nicht gestellt werden. Das Kind hat gewonnen, das genau mit 3 Feldern ins Ziel einfahren kann.

ÜBERALL

Text: Gabi Bauer / Musik: Franz Moser

1. In dem Urwald unter Palmen, hinter dicken Schachtelhalmen, auch am Sandstrand unter Pinien gibt es parallele Linien.

Ref.: Geo-dreieck, ich merk schnell: Hoppla, das ist parallel!

Ostinato:

2. Im Polarmeer auf den Schollen
und im Acker bei den Knollen,
auch am Sandstrand unter Pinien
gibt es parallele Linien.

3. In der windgepeitschten Wüste,
an der steilen Klippenküste,
auch am Sandstrand unter Pinien
gibt es parallele Linien.

Auf der Suche nach parallelen Linien

Mal alle Linien, die zueinander parallel sind, mit der vorgegebenen Farbe an!

rot

grün

blau

So kannst du dich selbst kontrollieren:
rot: 16   grün: 12   blau: 11

TURTELTAUBE, WASSERRATTE

Text: Gabi Bauer / Musik: Franz Moser

1. Tur-tel-tau-be, Was-ser-rat-te, lei-der nicht die Zu-cker-wat-te! Wa-ben-krö-ten, Nord-see-lach-se ha-ben ei-ne Spie-gel-ach-se.

Ref.: Heut ver-fol-gen wir die Spu-ren von sym-met-ri-schen Fi-gu-ren. Heut ver-fol-gen wir die Spu-ren von sym-met-ri-schen Fi-gu-ren.

Ostinato:

2. Säbelschnäbler, Nilwarane,
   leider nicht die saure Sahne!
   Jedes Tier auf allen vieren
   kannst du ganz genau halbieren.

3. Kormorane, Schleiereulen,
   nicht die Tränen nach dem Heulen!
   Hochseeschiffe, Straßenschilder
   haben alle Spiegelbilder!

Jedes Tier auf allen vieren kannst du ganz genau halbieren ...

Wurde hier genau halbiert? Mal das entsprechende Gesicht an!

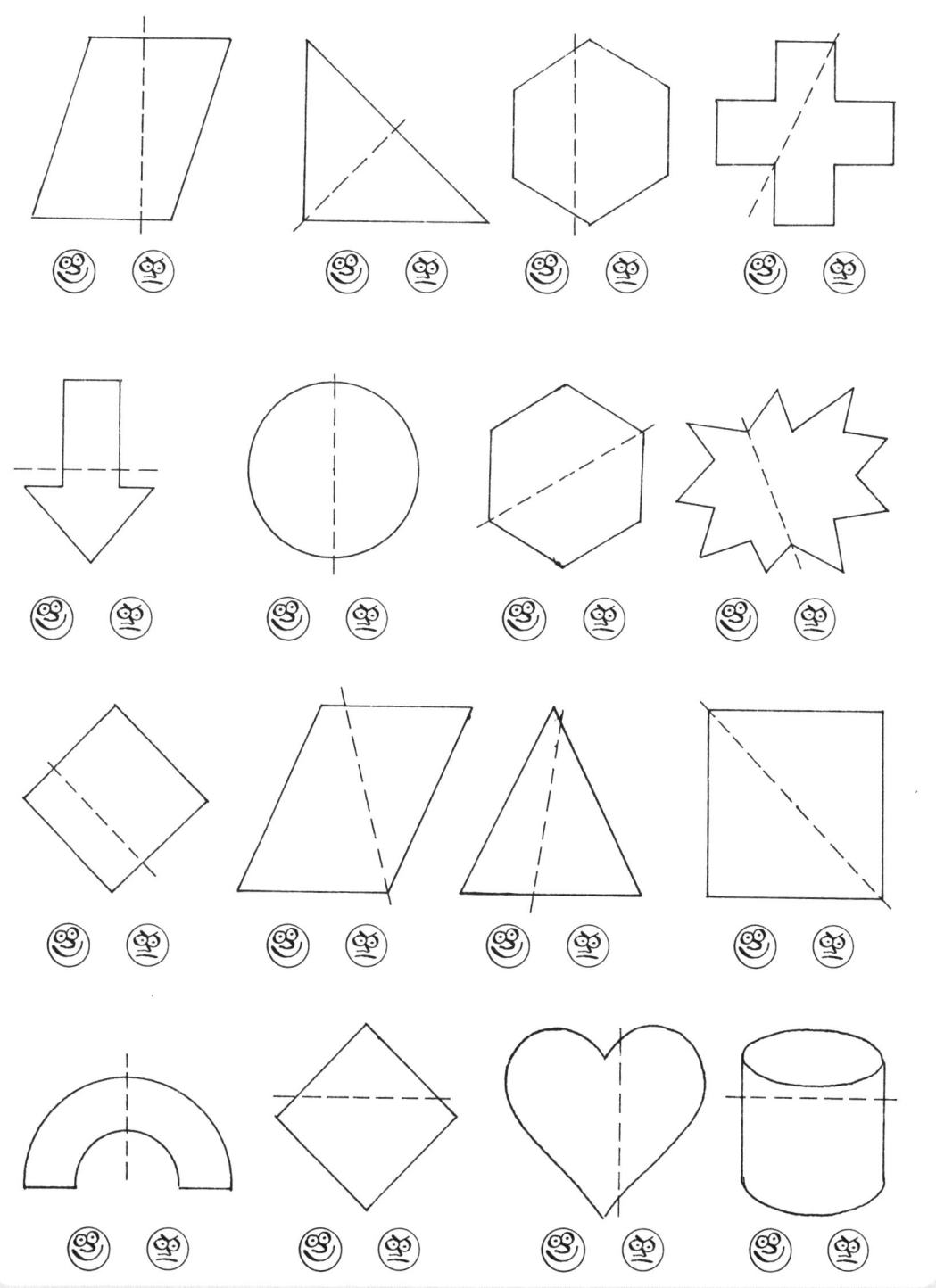

Otto Hader und der Quader

Text: Gabi Bauer / Musik: Franz Moser

1. Sechs Bierdeckel der Firma Schlürfel ergeben manchmal einen Würfel. Der Thomas nimmt Quadrate und ordnet sie mit Agathe.

Ref.: Nach mathematischem Gesetz hat jeder Körper auch ein Netz! Nach mathematischem Gesetz hat jeder Körper ein Netz, ein Netz!

2. „Ach, nein!", sagt jetzt der Otto Hader:
„ich baue lieber einen Quader!"
Und es wird überraschen:
Er denkt an die Klebelaschen!

Otto Hader sucht Quader

Hilf ihm bei der Suche! Leg Plättchen auf jene Gegenstände, die die Form eines Quaders haben. Vergleiche mit deiner Partnerin oder deinem Partner und mal dann alle Quader an!

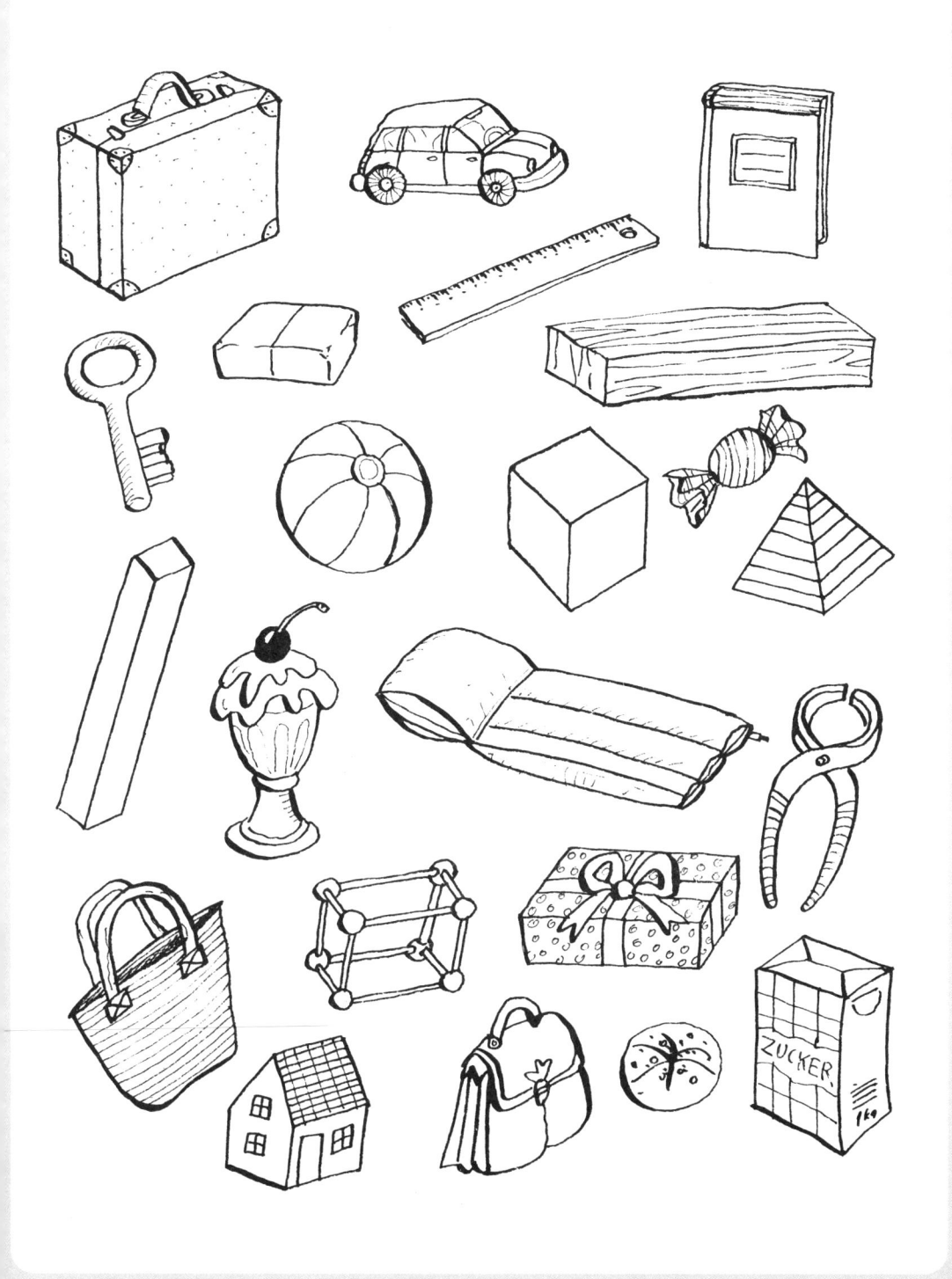

UMFANG UMFANGEN

Text: Gabi Bauer / Musik: Franz Moser

1. Herr Schuster sitzt in seinem Garten und muss auf das Gemüse warten. Er wünscht sich einen Bretterzaun in einem schönen Mittelbraun. Ref.: Misst Länge und Breite und rechnet mal zwei und rechnet sich so den Umfang herbei! Misst Länge und Breite und rechnet mal zwei und rechnet sich so den Umfang herbei!

2. Maria will den Boden streichen
in einem Grellrot ohnegleichen.
Sie sucht nach einem Klebeband,
dass sie nicht übermalt den Rand.

Umfang und Gummiring

Das brauchst du dazu: Schere, 1 großen Gummiring, Lineal oder Messstreifen

Schritt 1: Schätze, welche Umfangslinie am längsten ist.
Schritt 2: Schneide einen Gummiring durch und lege die Linien jeweils damit nach.
Schritt 3: Leg das Gummiband auf deinem Lineal auf.
Schritt 4: Vergleich das Messergebnis mit deiner Schätzung.

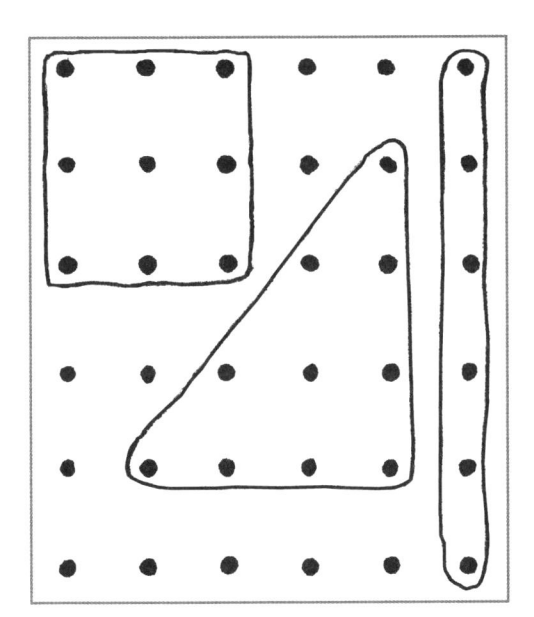

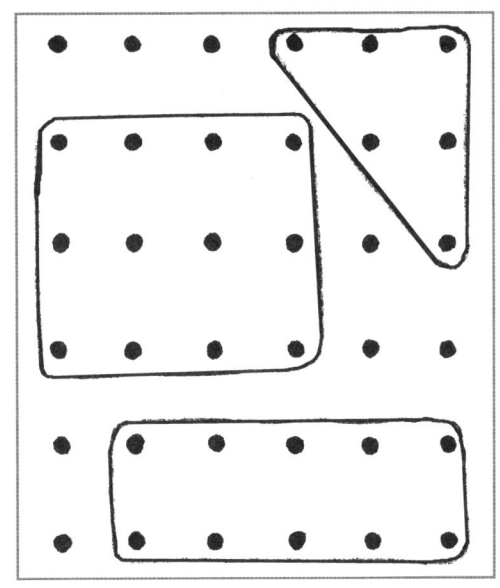

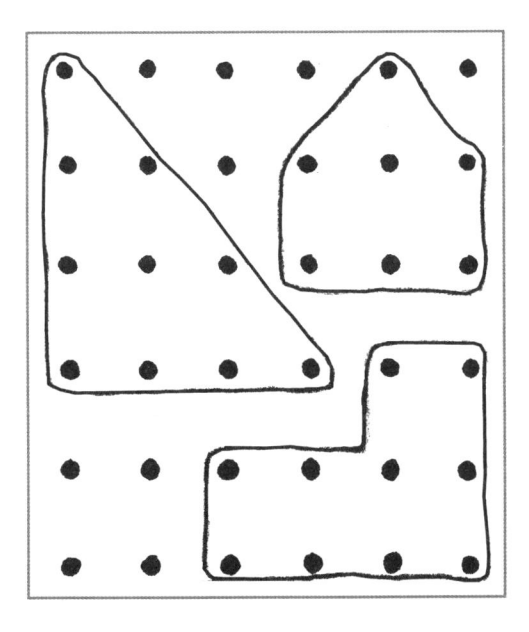

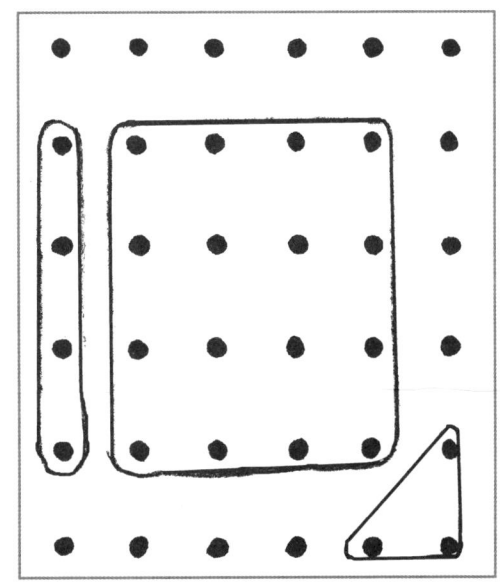

EBERHARD, ACH EBERHARD!

Text: Gabi Bauer / Musik: Franz Moser

1. E-ber-hard, ach E-ber-hard, wir brau-chen heu-te ein Pla-kat: Ein Me-ter breit, ein Me-ter lang, schon liegt es auf dem Schul-haus-gang!

Ref.: E-ber-hard, ach E-ber-hard, schneid uns bit-te ein Pla-kat mit ei-nem Me-ter zum Quad-rat, mit ei-nem Me-ter zum Quad-rat!

Ostinato:

2. Eberhard, ach Eberhard,
   wir brauchen heute ein Plakat:
   Ein Meter lang, ein Meter breit,
   wir steigen drauf, seid ihr bereit?

3. Eberhard, ach Eberhard,
   wir brauchen heute ein Plakat:
   Die Seitenlänge wissen wir
   und stehen auf dem Packpapier.

Spiele mit dem Quadrat(meter)

1. Legt ein Quadrat mit einem Meter Seitenlänge auf und überprüft die folgenden Fragen:

- Wie viele Kinder haben auf diesem Quadrat Platz? _____

- Wie viele Kinder können an jeder Seite dieses Quadrates stehen? _____

- Wie viele Kinder können mit angezogenen Beinen auf dieser Fläche sitzen? _____

- Wie viele Kinder können außerhalb dieser Fläche sitzen, wenn sie beide Beine auf das Quadrat stellen? _____

- Wie viele Kinder können das Quadrat mit ausgebreiteten Armen umstehen? _____

2. Auch ein Quadrat mit einem Meter Seitenlänge könnte man falten. Versuch diese Übung aber zuerst mit einem kleineren Quadrat!
   Lass dich überraschen, was bei dieser Faltarbeit herauskommt!

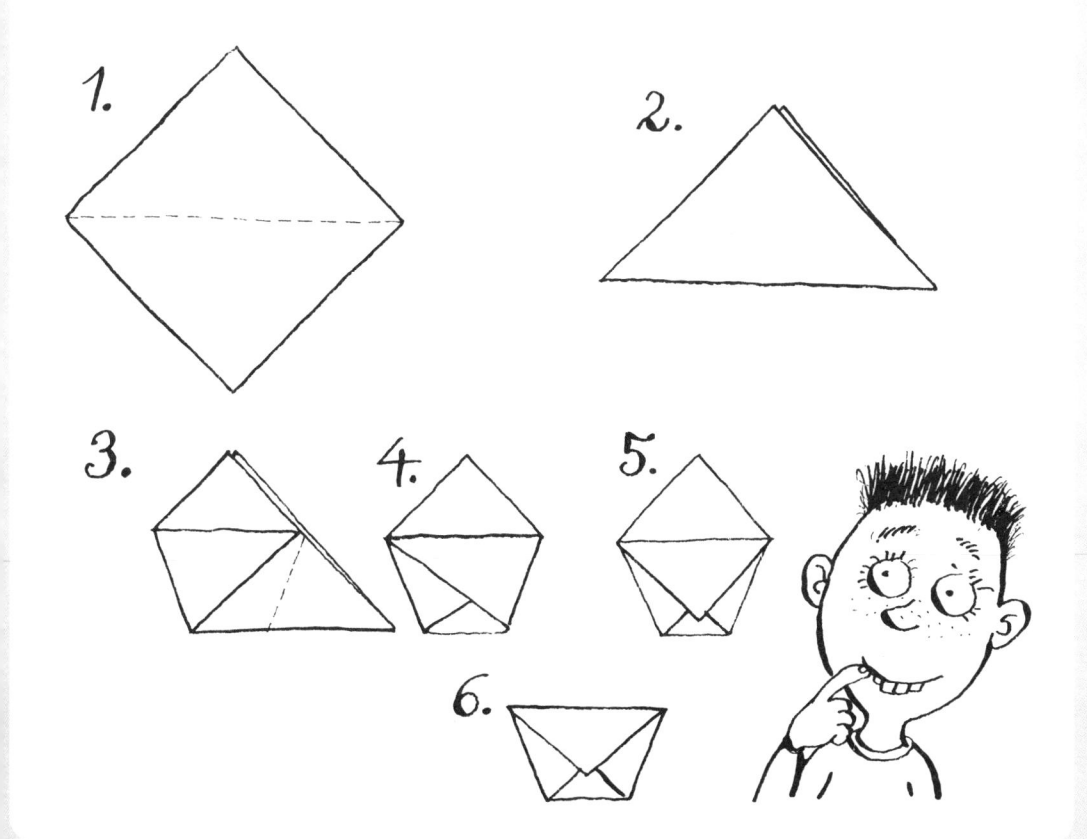

SCHULHAUSSONG

Text: Gabi Bauer / Musik: Franz Moser

1. „He! Sportsfreund, sag einmal: Wo find ich einen Lederball?", fragt mich ein Herr mit Fußballschuh, der hüpft fast wie ein Känguru!

Ref.: Die Treppe hinunter, geradeaus und rechts in den Turnsaal: Kennst du dich aus? Die Treppe hinunter, geradeaus und rechts in den Turnsaal: Kennst du dich aus?

2. „He! Kleiner, wo gehts hin?
   Ich brauch ein Trampolin!",
   fragt mich die neue Lehrerin,
   ich glaub, sie kommt aus Eferding.

3. „He! Leih mir kurz dein Ohr!
   Es warten alle auf mein Tor!",
   fragt mich der Paul aus der 4a.
   Was tut denn der schon wieder da?

Auch im Tiergarten muss man sich zurechtfinden!

Betrachte das Bild ganz genau und versuch es dir gut einzuprägen!
Deck es dann mit einem Blatt Papier ab und sprich die begonnenen Sätze zu Ende!

In der Mitte ist ...
Rechts neben dem Zebra ist ...
Rechts neben dem Pinguin ist ...
Links neben dem Elefanten ist ...
Links neben dem Zebra ist ...
Links neben dem Seelöwen ist ...
Rechts vom Nashorn ist ...
Links neben dem Pinguin ist ...
Zwischen Giraffe und Kamel ist ...
Zwischen Tiger und Bär ist ...
Zwischen Seelöwe und Nashorn ist ...

Der Seelöwe ist rechts vom ...
Das Nashorn ist links vom ...
Die Giraffe ist rechts vom ...
Das Kamel ist links vom ...
Der Bär ist links vom ...
Der Tiger ist rechts vom ...
Der Elefant ist links vom ...
Der Pinguin ist rechts vom ...
Das Zebra ist links vom ...
Der Elefant ist rechts vom ...
Das Zebra ist rechts vom ...

Die Einmaleinsreihen (aufsteigend geordnet)

Reihe	Seite im Buch
Zweier-Reihe	6
Dreier-Reihe	12
Vierer-Reihe	10
Fünfer-Reihe	8
Sechser-Reihe	14
Siebener-Reihe	20
Achter-Reihe	16
Neuner-Reihe	18
Einmaleins-Zauberei	22

Alphabetisches Verzeichnis der Lieder bzw. Liedanfänge

Titel bzw. Liedanfang	Seite im Buch
"Also!", sprach der Lehrer …	38
"He, Sportsfreund …"	50
Das Doppelte von eins …	26
Der Bär	28
Der Mathe-Fuchs	4
Eberhard, ach Eberhard	48
Ein Elefant von einer Tonne …	34
Größer als, kleiner als	32
Herr Lehrer Kinkel	38
Herr Schuster sitzt in seinem Garten …	46
Ich bin der schlaue Mathe-Fuchs …	4
In dem Urwald unter Palmen …	42
Junikäfer, Hosenknopf	36
Lilo, die Elefantenfrau	34
Mein Lineal ist ideal	24
Otto Hader und der Quader	44
Rechts steht eine Ziege …	32
Schätzen ist wichtig…	36
Schulhaussong	50
Sechs Bierdeckel …	44
Supermann und Superfrau	30
Turteltaube, Wasserratte	42
Überall	40
Umfang umfangen	46
Verbinden soll ich …	24
Verdoppeln	26
Weil Fritz die kleine Rechnung kann …	30

Bibliografische Information Der Deutschen Bibliothek
Die Deutsche Bibliothek verzeichnet diese Publikation in der Deutschen Nationalbibliografie; detaillierte bibliografische Daten sind im Internet über http://dnb.ddb.de abrufbar.

© VERITAS-VERLAG, Linz
Alle Rechte vorbehalten, insbesondere das Recht der Verbreitung (auch durch Film, Fernsehen, Internet, fotomechanische Wiedergabe, Bild-, Ton- und Datenträger jeder Art) oder der auszugsweise Nachdruck
1. Auflage (2003)
Gedruckt in Österreich auf umweltfreundlich hergestelltem Papier
Lektorat: Andreas Schneider, Linz
Herstellung, Layout und Umschlaggestaltung: Ingrid Zuckerstätter, Wilhering
Satz: dtp VERITAS
Illustrationen: Alena Schulz, Tribuswinkel
Notensatz: Josef Novotny, Wien
Druck, Bindung: Friedrich VDV, Linz

ISBN: 3-7058-6469-6

Mit Freude leichter lernen!

In acht spannenden Kapiteln ...

... erfahren 8- bis 10-jährige LeserInnen von den Erlebnissen der Hochhauskinder mit einer angeblichen Hexe. Ergänzende Arbeitsaufträge, Sachtexte und eine Zusammenfassung jedes Kapitels fördern das sinnerfassende Lesen.

Bauer, Gabi
Im 5. Stock ist eine Wohnung frei
64 Seiten, 14,8 x 21 cm, brosch.
ISBN 3-7058-6331-2

weitere Bände:
Klar liebt Klara Leo
ISBN 3-7058-6382-7

Paul hat angefangen!
ISBN 3-7058-6383-5
je 64 Seiten, 14,8 x 21 cm, brosch.

Eine innovative, kreative Ergänzung ...

... für den Deutschunterricht und die Bildnerische Erziehung ist dieses Buch. Die Kinder setzen sich intensiv mit Kunstwerken auseinander: betrachten sie auf verschiedene Arten, analysieren sie, verfassen Texte dazu, „retten" ihr Lieblingsbild ...

Bauer, Gabi / Kainz-Kazda, Elfie
Bilder lesen – Geschichten sehen
Kunst- und Schreibwerkstatt für 7- bis 11-Jährige
80 Seiten, 21 x 29,7 cm
Mappe mit Einlageblättern
ISBN 3-7058-6267-7

Eine echte Bereicherung ...

... für den Deutschunterricht stellt dieses Buch dar. Geboten werden 24 neue Lieder, dazu Spiele, Merkhilfen, Lerntipps, Übungen und vieles mehr. Natürlich gibt es auch eine Audio-CD; zusätzlich gibt es zu jedem Lied tolle Tipps im Internet!

Bauer, Gabi / Moser, Franz
Lieder für den Deutschunterricht
Singen, spielen, lesen, reimen für Kinder von 8 bis 11 Jahren
56 Seiten, 17 x 24 cm,
Spiralbindung, sw-Grafiken
ISBN 3-7058-6254-5

Audio-CD:
ISBN 3-7058-6252-9 (Österreich-Version)
ISBN 3-7058-6366-5 (Deutschland-Version)

Durch originelle, motivierende ...

... Aufgaben lernen Kinder, spielerisch mit der Sprache umzugehen und auf ihre Kreativität zu vertrauen – Fähigkeiten, die ihnen auch beim Aufsatzschreiben in der Schule weiterhelfen.

Bauer, Gabi / Feiner, Waldemar
Geschichten erfinden
Übungen zum kreativen Aufsatzschreiben für 8- bis 11-Jährige
ISBN 3-7058-5255-8
Geschichten schreiben: ISBN 3-7058-5253-1
Geschichten bauen: ISBN 3-7058-5252-3
je 32 Seiten, 21 x 29,7 cm

Diese praktischen Bücher können Sie gleich jetzt bestellen:
Rufen Sie einfach an, schicken Sie ein Fax oder ein E-Mail!
Tel. 0043/(0)732/77 64 51/280, Fax: 0043/(0)732/77 64 51/239
E-Mail: veritas@veritas.at
www.veritas.at

VERITAS

Mit Freude *leichter* lernen!

Neue Wege im Sachunterricht ...

... mit einer lebendigen Unterrichtsgestaltung weist Ihnen dieses Buch. Sinne, Planeten, Berufe und soziales Lernen sind nur einige der wichtigen Bausteine des Sachunterrichts, die hier modern aufbereitet sind.

Schoiswohl, Astrid / Sölkner, Andrea
Lebendiger Sachunterricht
Für Kinder von 6 bis 9 Jahren
112 Seiten, 21 x 29,7 cm
Spiralbindung, sw-Grafiken
ISBN 3-7058-5573-5

Eine echte Bereicherung ...

... für den Sachunterricht stellt dieses Buch dar. Geboten werden 24 neue Lieder, dazu Sachinfos, Basteltipps, Rätsel und vieles mehr. Natürlich gibt es zusätzlich auch eine Audio-CD!

Thabet, Edith / Moser, Franz
Lieder für den Sachunterricht
Singen, basteln, raten, tüfteln
für Kinder von 5 bis 10 Jahren
56 Seiten, 17 x 24 cm
Spiralbindung, sw-Grafiken
ISBN 3-7058-5540-9

Audio-CD:
ISBN 3-7058-5630-8

Spaß am Rechnen ...

... mit kniffligen Aufgaben steht bei der „Kniffelreise" im Vordergrund. Dieser Band von Kopiervorlagen bietet Differenzierungsmaterial für alle vier Schulstufen der Volksschule in einem Band.

Aichberger, Gabriele / Brunner, Edith u. a.
Kniffelreise
Differenzierungsmaterialien zu Zahlenreise 1 bis 4
74 Seiten, 21 x 29,7 cm,
Spiralbindung, sw-Grafiken
ISBN 3-7058-6258-8

Spielerisch Gelerntes wiederholen ...

... und vertiefen mit kurzen, überschaubaren Übungssequenzen. Die Übungen können in Freiarbeitsphasen, im Stationenbetrieb etc. jederzeit ohne große Vorbereitungen eingesetzt werden und stehen in Zusammenhang mit den VERITAS-Schulbüchern für die Volksschule.

Aichberger, Gabriele / Brunner, Edith u. a.
Achtung, fertig, Clic!
Interaktive Übungen
zu den Veritas-Schulbüchern für M, D und SU
mind. 486 DX PC
Für die 2. Schulstufe
ISBN 3-7058-6248-0
Für die 3. Schulstufe
ISBN 3-7058-6093-3
Für die 4. Schulstufe
ISBN 3-7058-6185-9

Diese praktischen Bücher können Sie gleich jetzt bestellen:
Rufen Sie einfach an, schicken Sie ein Fax oder ein E-Mail!
Tel. 0043/(0)732/77 64 51/280, Fax: 0043/(0)732/77 64 51/239
E-Mail: veritas@veritas.at
www.veritas.at

VERITAS